Frontispisce du 1er Volume
Sublato Jure Nocendi
Mathey fecit

DISCOURS

A L'OCCASION

DUN DISCOURS

de M. *De La Motte*

Sur

LES PARODIE

A PARIS,

Chez BRIASSON, ruë saint Jacques, à la Science.

M. DCC. XXXI.

Avec Approbation & Permission.

DISCOURS

A L'OCCASION

D'un Difcours de M. D. L. M.

Sur

LES PARODIES.

 *L'occafion de Romulus, dit M. D. L. M. * j'ai parlé des critiques; à l'occafion d'Inez, je dirai auffi quelque chofe des Parodies.* Ceci prouve démonftrativement que M. D. L. M. n'attaque les Parodies qu'en paffant, & qu'il ne faut pas s'imaginer qu'il ait fait fon Difcours exprès pour déclamer contr'elles, comme on pourroit l'inferer du long procès qu'il leur intente ; la courte réponfe qu'on lui oppofe, n'eft furement faite

* Oeuvres de Théâtre de M. D. L. M. Page 116. Tome II.

A ij

que *par occasion*, & n'auroit jamais vû
le jour, si l'Editeur du nouveau Théâtre Italien n'avoit pas voulu y joindre
l'impression des Parodies. Les Auteurs
de ces Piéces n'ignorent pas combien
elles perdent lorsqu'elles sont éloignées
de l'objet de leur critique ; ils sçavent
fort bien que tout ce qui est relatif, ne
peut être senti qu'à proportion de la
connoissance des raports ; mais la réso-
lution étoit prise de les imprimer, ils
n'ont pû se dispenser de subir leur des-
tinée ; ainsi, que le Public & M. D. L.
M. (tout differens qu'ils sont quel-
quefois d'opinion) s'accordent aujour-
d'hui, s'ils le jugent à propos, pour con-
damner l'Edition des Parodies, leur
censure ne regardera point du tout les
auteurs de ces bagatelles.

On ne comprend pas trop sur quoi
peut être fondée l'extrême aversion que
M. D. L. M. laisse éclatter contre les
Parodies ; il déclare hautement dans sa
Préface d'Inez, *qu'il a ry* d'Agnès de
Chaillot, & que *sa Mascarade* lui a paru
réjoüissante : c'est-là nous rendre un
compte sincere du plaisir qu'il a goûté à
la Comédie Italienne, d'où vient qu'il
n'a jamais parlé de celui que lui a pro-

curé *Momus fabuliste* à la Comedie Fran-
çoise ? est-ce que cette espece de Paro-
die de ses fables ne l'auroit pas diverti ?
apparemment M. D. L. M. n'est pas si ai-
sé à réjoüir que le Public ?

Venons au fait. M. D. L. M. s'efforce
par des raisonnemens plus artificieux,
que solides, d'insinuer à ses lecteurs,
que les *Parodies tournent la vertu en Pa-
radoxe, & essayent souvent de la rendre
ridicule* *. Si cela étoit démontré, les Parodies seroient certainement très - con-
damnables ; mais si les Parodies, bien-
loin de tourner la véritable *vertu en pa-
radoxe*, ne decréditent seulement que
la vertu chimerique & romanesque ; si
bien-loin d'essayer de rendre la vertu ridicule, elles n'apostrophent que la vertu veritablement ridicule, alors ces ouvrages ne doivent plus être regardés
comme *une espece de bouffonnerie*, mais
comme une critique sensée & même uti-
le pour les mœurs : ils ne doivent plus
être regardés comme les ennemis de la
vertu, mais comme ses deffenseurs ;
n'est-ce pas la deffendre que d'attaquer
ce qui la contrefait ?

Il semble à la gravité austere des dis-

* Tome I. Page 133.

A iij

cours de M. D. L. M. que ſes Tragédies fourmillent d'exemples de la vertu la
plus épurée ; cependant les connoiſſeurs
prétendent qu'il n'eſt pas peu embaraſ-
ſant d'y démêler un caractere digne d'ê-
tre imité. La vertu que M. D. L. M.
fait triompher ſi hautement dans ſes diſ-
ſertations, ne regne pas avec un pareil
éclat dans ſes Oeuvres Dramatiques ; on
ne trouve pas la conduite qu'inſpire
cette ſublime vertu dans les Heros, &
même dans les Saints qu'il introduit ſur
la Scene. Quel modele effectivement
nous y préſente-t'il ? eſt-ce l'inégal Ro-
mulus, ce raviſſeur doucereux qui réü-
nit dans ſes avantures , le merveilleux
extravagant de la Chevalerie errante ,
avec les fadeurs de la Paſtorale ? eſt-ce
le turbulent Epoux clandeſtin d'Inez ?
ou ſon Pere impitoyable , fanatique imi-
tateur de Brutus ? eſt-ce le tendre Mac-
cabée, qui nous montre un Berger galand
quand nous nous attendons à voir un zelé
Martir ?

On ne ſoupçonne pas M. D. L. M. de
prétendre que c'eſt tourner *la vertu en
ridicule* , que de critiquer un perſonna-
ge tragique qui ſe contente de débiter
les ſentimens les plus nobles ſans les pra-

tiquer : on fçait que les Heros de Théâtre y étalent fouvent de beaux traits de morale Philofophique , & même Chrétienne ; mais ce ne font pas ces traits que l'on fronde dans les Parodies ; ce font les écarts , quelquesfois abfurdes , de ces heros fermoneurs de qui les actions démentent groffierement les paroles , ou plûtôt le manque de juftefle des Auteurs qui les font agir peu conformément , tantôt à la nature , tantôt à l'art , & très-fouvent à la raifon.

On ne s'eft jamais avifé de cenfurer les fituations d'Athalie ; on en a admiré la verfification , & on y a fenti la fublimité de l'efprit Saint qui en a fourni les penfées , mais cette admiration univerfelle n'appartient pas toute entiere à la richeffe des expreffions & des rimes ; la conduite jufte & fimple du fujet , la nobleffe des caracteres , & le patetique des fituations , nous enlevent également nos fuffrages , & nous ne loüons pas une partie de cette piéce aux dépens des autres. Si on examinoit fans prévention les Maccabées de M. D. L. M. on ne toucheroit pas furement aux morceaux divins qu'il a tirez des Auteurs Sacrez , on applaudiroit fincerement au choix heu-

reux qu'il en a fait : mais on pourroit
fans offenfer la vertu & la religion, &
même en les vengeant, s'égayer aux dépens du mariage précipité du jeune Mac-
cabée, & de la converfion fubite de l'a-
moureufe Antigone ; qui, pour premier
acte de pénitence, engage un jeune ado-
lefcent à l'époufer, fans daigner conful-
ter la plus refpectable des Meres ; quelle
nouvelle convertie ! & quel faint Martir ! Eft-ce qu'une femblable Tragedie
n'auroit pas pû être légitimement paro-
diée, fi la dignité du fujet ne l'avoit
pas fauvée de cet honneur-là ? car c'en
eft un même de l'aveu de M. D. L. M.
on m'a fait, dit-il, toûjours modeftement
dans la Préface d'Inez, *le même honneur,
que Scaron a fait à Virgile ; on m'a tra-
vefti.* Que M. D. L. M. ne fe plaigne
donc plus de ce qu'on l'honnore quel-
quefois.

Au refte la juftification des Auteurs
Parodiftes eft l'affaire du public. Ordinai-
rement le Parodifte n'eft que l'écho du
Parterre, c'eft du Parterre lui-même
qu'il emprunte de quoi le divertir ; il
ne fait que donner une forme Théâtrale
aux obfervations générales qu'il a enten-
duës ; mais le Public ne fçait peut-être

pas

pas encore qu'il eſt impliqué par M. D.
L. M. lui-même dans le procès intenté
contre les Parodies. Qu'il liſe donc M.
D. L. M.* ou ſon extrait fidele que voici.
Le Public, dit cet Auteur moral, *n'entend
pas aſſez bien ſes interêts pour profiter de
mes reflexions au ſujet des Parodies ; en ma-
tiere de plaiſirs , il vit, pour ainſi dire ,
au jour le jour , & il n'y connoît gueres
l'économie.* On pourroit parier hardiment
que ce mauvais Econome de plaiſirs ne
ſent gueres combien peu il les menage en
n'étendant pas juſqu'a la lecture ceux que
lui ont procurés quelques Tragédies de
M. D. L. M. On ne ſe mêlera pourtant
point de diſcuter ici quel tort peut
avoir le public dans cette affaire , & ſi
ce public apoſtrophé par M. D. L. M.
entend bien ou mal ſes interêts ; c'eſt à
ce public à deffendre ſes déciſions & ſes
goûts , il eſt bon pour répondre en tems
& lieu aux Auteurs qui l'attaquent , ſur-
tout quand ils ſont Poëtes Dramatiques.

Mais pourquoi relever & combattre
les invectives lâchées contre les Parodies ? ce n'eſt peut-être pas au jugement
de M. D. L. M. qu'il faut s'en prendre ?

* Tom. I. Page 135.

B

& nous ne devons cette aigre cenſure qu'a
ſa vanité. Car on peut écrire qu'il en a ,
puiſqu'il l'a fait imprimer * lui même
dans ſon Diſcours preliminaire. Là il ſou-
tient qu'il en doit avoir & nous apprend
que nous ſommes redevables à ſa vanité
tant poëtique que proſaique de toutes les
productions variées de ſon eſprit ; il con-
vient que *la ſenſibilité des Auteurs eſt bien
délicate. J'entens* , dit-il , *par vanité l'envie
d'occuper les hommes de ſoi & de ſes talens ,
& la préférence de cette opinion étrangere
a la realité même du merite.* Quelles con-
ſequences favorables aux Parodies ne doit-
on pas tirer de cette définition ? quelle
bonté a M. D. L. M. de nous l'avoir
donnée ? Elle répond à tous ſes diſcours
Apologetiques , elle en renverſe les argu-
mens , elle nous autoriſe à conclure que
la vanité ſeule les lui a dictez. Car puiſqu'il établit que *l'envie d'occuper les hommes de ſoi & de ſes talens met la plume à la
main des Auteurs & enfante leurs ouvrages*
il ne peut nier que cette même vanité
n'entreprenne de ſoutenir ce qu'elle a
fait naître. Seroit-il naturel qu'après
avoir préſidé à tous les travaux d'un
Poëte Dramatique elle l'abandonnât lorſ-

* Tome I.

qu'il feroit obligé de défendre le fruit de ces travaux ? Ainfi quel cas fera-ton des raifonnemens émanés d'un fentiment qui n'eft *que la préference d'une opinion étran- gere à la realité même du mérite ?* Il feroit étonnant que ce fentiment-là fût accom- pagné d'une Logique bien exacte ; mais il n'eft pas furprenant qu'il ait infpiré à M. D. L. M. une haine fi marquée & fi conftante pour les Parodies ; *car quoiqu'il y occupe les hommes de lui & de fes talens ,* il eft clair *qu'il ne les y occupe pas* comme il le fouhaite. On eft bien faché de ren- contrer tant de délicateffe dans la fenfi- bilité de M. D L. M. * & de lui voir prendre pour des affronts perfonnels , la critique de fes ouvrages ; les Auteurs pa- rodiftes n'ont jamais eu intention de blef- fer *perfonnellement* les Auteurs Parodiés : Ils ont cru fe livrer à un badinage inno- cent, permis par les loix, créé par le goût, avoué par la raifon & plus inftructif que bien des Tragedies. Loin d'être le *corrup- teur* des piéces de Théatre , il en eft la pierre de touche ; en diffequant les heros de la Scene, il diftingue le bon or du clin- quant. Enfin voici toute la queftion ré- duite dans une feule & courte phrafe :

* Tome I. Page 134. & 135.

bien des Tragedies déguisent les vices en vertus, les Parodies leur en arrachent le Masque.

J'Ay lû par ordre de M. le Lieutenant Général de Police un Manuscrit Intitulé : *Discours à l'occasion d'un Discours de M. D. L. M.* dont on peut permettre l'Impression, à Paris ce 25. Septembre 1730. PASSART.

VEU l'Aprobation permis d'imprimer & distribuer le 15. Septembre 1730. HERAULT.

Registré sur le Livre de la Communauté des Libraires & Imprimeurs de Parais No. 1992. conformément aux Reglemens, & notamment à l'Arrest de la Cour du Parlement du 3. Decembre. 1705. à Paris le 4. Decembre. 1730. P. A. le MERCIER. Syndic.